FICHE DE LECTURE

DOCUMENT RÉDIGÉ PAR ÉLIANE CHOFFRAY
MAITRE EN LETTRES MODERNES
(UNIVERSITÉ DE LIÈGE)

La Belle et la Bête

LEPRINCE DE BEAUMONT

lePetitLittéraire.fr

Le lendemain, un habit propre et un déjeuner l'attendaient. Comme il allait partir, il aperçut des roses et en cueillit pour Belle. Il vit alors surgir une horrible bête. Celle-ci déplora l'ingratitude du marchand, qui lui volait ses roses alors qu'il avait été logé et nourri. Pour le punir, la Bête décida que lui ou une de ses filles devait mourir.

De retour chez lui, le vieil homme, en larmes, raconta son aventure à ses enfants. Immédiatement, Belle accepta de se sacrifier pour son père : elle préférait être mangée par le monstre plutôt que mourir de chagrin si elle devait perdre son père.

Arrivés au palais de la Bête, Belle et son père eurent droit à un délicieux repas, puis ils allèrent se coucher. En rêve, Belle vit une dame qui la félicitait d'avoir sauvé son père et l'assurait qu'elle serait récompensée. Le lendemain, le marchand partit, la mort dans l'âme. Belle décida alors de profiter des derniers moments qu'il lui restait à vivre pour visiter le château.

Quelle ne fut pas sa surprise d'arriver à une porte sur laquelle était écrit : « Appartement de la Belle. » Elle y découvrit une immense bibliothèque, ainsi qu'un clavecin, son instrument favori. Elle ouvrit alors un livre, où elle lut : « Souhaitez, commandez ; vous êtes ici la reine et la maîtresse. » (p. 35) Instantanément, elle pensa à son père et aperçut sa maison et sa famille dans un grand miroir. Si le marchand était triste, ses sœurs dissimulaient mal leur joie de se voir débarrassées d'elle. À midi, elle assista à un concert alors qu'il n'y avait aucun musicien. Le soir, pendant qu'elle mangeait, le monstre se présenta à elle.

Il lui annonça qu'elle était dorénavant la maitresse des lieux et lui demanda si elle le trouvait laid. Belle ne put mentir, mais lui affirma qu'il était très bon. Face à la gentillesse de la Bête, la jeune femme mangea de bon appétit. Elle n'avait presque plus peur. La Bête lui demanda alors si elle voulait l'épouser, mais elle refusa.

Trois mois passèrent. Chaque soir, la Bête venait voir Belle pendant qu'elle mangeait et la demandait en mariage. La jeune femme, peinée, déclinait toujours son offre. Elle commençait à s'habituer à sa laideur et éprouvait de l'amitié à son égard. Un jour, la Bête lui demanda de lui promettre qu'elle ne le quitterait jamais, mais Belle, qui avait justement vu dans le miroir que son père était gravement malade, lui avoua qu'elle mourrait de chagrin si elle ne le revoyait pas. La Bête accepta alors de la laisser rentrer chez elle. La Belle lui promit d'être de retour huit jours plus tard. Elle n'aurait qu'à mettre sa bague sur sa table de nuit lorsqu'elle voudrait rentrer au palais.

C'est ainsi que, le lendemain, elle se réveilla chez elle, provoquant les éclats de joie de son père et la jalousie de ses sœurs, consternées de la voir vêtue comme une princesse. Celles-ci décidèrent de la retenir plus de huit jours, pensant que la Bête, en colère de ne pas voir revenir Belle, la dévorerait. La dixième nuit, Belle vit en rêve la Bête à l'agonie dans le jardin du palais. Elle regretta de l'avoir abandonnée et réalisa que sa laideur n'avait pas d'importance au regard de sa bonté et de sa gentillesse. Elle résolut de l'épouser.

Elle posa alors sa bague sur sa table de nuit et se réveilla, le lendemain, dans le palais de la Bête. Elle ne la vit pas de toute la journée, ni le soir. Elle la chercha donc dans tout le palais avant de se souvenir de son rêve : la Bête était bel et bien en train de mourir dans le jardin. Celle-ci confia à Belle qu'elle avait été si chagrinée de son absence prolongée qu'elle avait décidé de se laisser mourir de faim. Belle lui annonça alors qu'elle acceptait de l'épouser. Au même moment, la jeune femme vit le château s'illuminer, puis aperçut à ses pieds un magnifique prince. Elle venait de mette fin au sort qu'une méchante sorcière avait jeté au jeune homme : il était condamné à être un monstre jusqu'à ce qu'une belle fille accepte de l'épouser.

Ensemble, ils rentrèrent au palais, où toute la famille de Belle était présente. La dame de ses rêves, en réalité une fée, lui annonça que sa récompense pour s'être sacrifiée pour son père était de devenir une grande reine. Quant à ses sœurs, la fée leur jeta un sort qui les transforma en statues. Elles seraient condamnées à rester sous cette forme à la porte du palais jusqu'à ce qu'elles reconnaissent leurs torts.

ÉTUDE DES PERSONNAGES

BELLE

C'est une jeune femme magnifique (au point que tous les gens qu'elle connait l'appellent Belle), mais aussi intelligente : son passe-temps favori est de lire. Elle est gentille, de bon caractère, agréable, serviable, simple, humble, dévouée, généreuse, et pleine de bonté et de compassion.

Lorsque son père perd sa fortune, elle ne dit rien et travaille dur pour l'aider, assumant toutes les tâches ménagères sans jamais se plaindre. Elle n'hésite pas une seconde à se sacrifier pour lui et, face à la Bête et à l'horreur du sort qui l'attend, c'est elle qui le console, se forçant à garder sa bonne humeur pour ne pas le peiner davantage. Face à ses sœurs, qui la critiquent et se moquent d'elle à longueur de temps, elle reste gentille et tolérante. Elle ne souhaite que leur bonheur : elle demande à son père de les marier et désire leur offrir les robes qu'elle a ramenées du palais de la Bête. Enfin, même si la Bête est horrible et lui fait peur, elle apprend à la connaitre et à l'apprécier, faisant preuve de compassion et de compréhension à son égard. Elle accepte finalement de l'épouser car elle se rend compte que la Bête est pleine de bonté.

Elle ne s'arrête pas aux apparences et cherche la vraie beauté intérieure. Tout cela la prédestine à devenir une grande reine.

LES DEUX SŒURS

Elles sont belles, mais pas autant que leur cadette, ce qui semble faire toute la différence. Orgueilleuses, prétentieuses et superficielles, elles ne s'intéressent qu'à leurs toilettes et à leurs relations mondaines : elles ne fréquentent que les jeunes gens qui ont des origines nobles. Elles refusent d'ailleurs d'aller vivre à la campagne lorsque leur père perd toute sa fortune et jamais elles ne s'abaissent à faire les travaux domestiques.

Jalouses de leur sœur, elles ne cessent de la critiquer et de se moquer d'elle. Elles sont heureuses quand Belle s'en va et se réjouissent de la voir dévorée par la Bête. Elles sont extrêmement méchantes. Elles seront d'ailleurs punies par la fée qui les transforme en statues.

LE MARCHAND

C'est un homme bon et aimant vis-à-vis de ses enfants : il a veillé à leur fournir une bonne éducation et travaille dur pour les faire vivre. Quand Belle se sacrifie, il est complètement abattu et désespéré. Il tombe d'ailleurs malade tant il souffre du départ de sa fille. Il est vieux et assez faible ; c'est pourquoi Belle fait tout pour l'épargner.

LA BÊTE

La Bête est en fait un prince qu'une méchante fée a transformé en monstre jusqu'à ce qu'une belle fille accepte de l'épouser. Il doit donc séduire une femme, mais il lui est interdit de montrer qu'il a de l'esprit (c'est-à-dire qu'il sait tenir une conversation intelligente, faire preuve de sens de l'humour). Sous sa laideur, il est d'une grande bonté et d'une grande générosité : lorsque Belle s'installe au palais, il met à sa disposition tout ce qui lui fait plaisir. Quand elle lui avoue qu'elle voudrait revoir son père, il accepte de la laisser partir, même si cela implique sa mort à lui. Il se sacrifie par amour pour elle.

À la fin du récit, une nouvelle métamorphose a lieu puisque la Bête redevient un beau prince. Notons que la thématique de la métamorphose est typique des contes merveilleux. Grâce à elle, tout devient possible : les objets parlent, des femmes peuvent être transformées en statues, un prince peut devenir un monstre et inversement, etc. Mais ce thème n'est pas neuf : il vient d'une longue tradition dont les premières traces écrites figurent chez un poète latin du Ier siècle av. J.-C. nommé Ovide (*Les Métamorphoses*).

CLÉS DE LECTURE

SCHÉMA ACTANCIEL

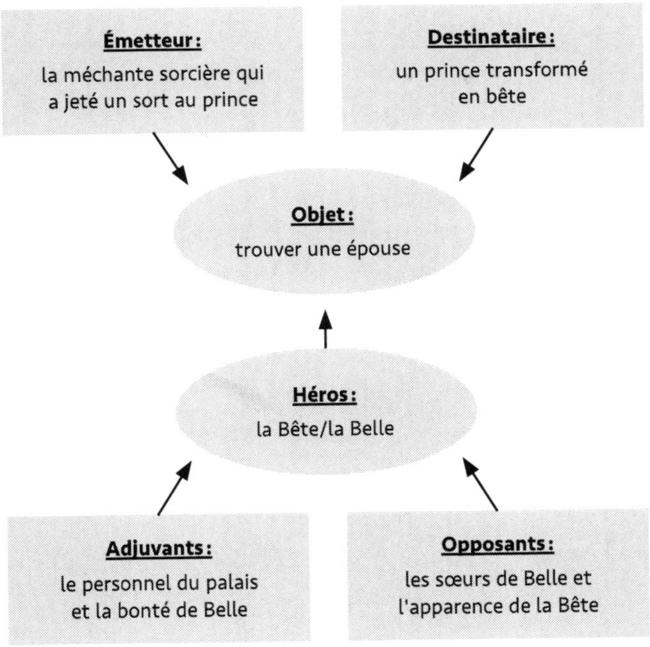

SCHÉMA NARRATIF

La situation initiale : c'est le début de l'histoire, le moment où on plante le décor et où on présente les personnages ; la situation est équilibrée, c'est-à-dire qu'elle n'a aucune raison d'évoluer.

- Un riche marchand vit avec ses trois fils et ses trois filles, tandis que la Bête vit dans son palais.

Élément perturbateur : c'est un évènement qui vient perturber la situation initiale et qui va déclencher l'histoire proprement dite.

- Le marchand rencontre la Bête et celle-ci lui demande une de ses filles s'il veut la vie sauve.

Péripéties : ce sont les évènements provoqués par l'élément perturbateur et qui entrainent la ou les actions entreprises par le héros pour résoudre le problème.

- Belle se rend au palais de la Bête ; ils deviennent amis ; la Bête fait tout pour être agréable ; Belle décide de rentrer chez elle, laissant la Bête désespérée ; ses sœurs l'empêchent de retourner au palais de la Bête ; la Bête se laisse mourir de chagrin ; Belle regrette de l'avoir abandonnée et la voit en rêve, en train de mourir ; Belle décide de rentrer au palais.

Dénouement : il met un terme aux péripéties et conduit à la situation finale.

- Belle annonce à la Bête qu'elle va l'épouser et celle-ci se transforme en prince.

Situation finale : c'est la fin de l'histoire. La situation est à nouveau stable, comme la situation initiale, mais elle a subi des transformations.

- Belle et le prince peuvent se marier et vivre heureux ; les sœurs de Belle sont transformées en statues.

LE CONTE MERVEILLEUX

Le conte merveilleux se définit par trois grands critères :

- il raconte des évènements imaginaires ou merveilleux (dans *La Belle et la Bête*, un prince est victime d'un enchantement, une bague permet à Belle de se déplacer de sa maison au palais, un concert a lieu sans qu'il n'y ait aucun musicien, etc.) ;
- il a pour but de distraire, tout en portant une morale (la morale étant ici qu'il ne faut pas se fier aux apparences) ;
- il vient d'une tradition orale, ce qui signifie qu'il a été transmis oralement à travers les époques.

Dans un conte merveilleux, on retrouve toujours différentes types de personnages, comme c'est également le cas dans *La Belle et la Bête* : des héros (très beaux), des êtres imaginaires (fées, sorcières, monstres, animaux qui parlent, etc.), des méchants (qui s'opposent aux gentils et qui sont très laids), des personnages de divers statuts sociaux (rois, reines, princes, princesses, paysans très pauvres, artisans, etc.) et des individus de la même famille (un père et ses enfants, une belle-mère, des frères et sœurs, etc.).

Aussi présente-t-il toujours la même structure :

- le schéma narratif des contes de fées ;
- un début qui commence en général par « Il était une fois » ;
- une fin heureuse (« Ils se marièrent et eurent beaucoup d'enfants », « Ils vécurent heureux ») ;
- la répétition d'actions, d'évènements, de phrases ;
- des enchainements logiques et chronologiques très marqués (« d'abord », « ensuite », etc.).

POUR ALLER PLUS LOIN

ÉDITION DE RÉFÉRENCE

- Leprince de Beaumont J. M., *La Belle et la Bête et autres contes*, Paris, Flammarion, 2007.

ADAPTATION

- *La Belle et la Bête*, dessin animé par les studios Disney, 1991.

SUR LEPETITLITTÉRAIRE.FR

- Questionnaire de lecture sur *La Belle et la Bête*

Retrouvez notre offre complète sur lePetitLittéraire.fr

- des fiches de lectures
- des commentaires littéraires
- des questionnaires de lecture
- des résumés

Anouilh
- Antigone

Austen
- Orgueil et Préjugés

Balzac
- Eugénie Grandet
- Le Père Goriot
- Illusions perdues

Barjavel
- La Nuit des temps

Beaumarchais
- Le Mariage de Figaro

Beckett
- En attendant Godot

Breton
- Nadja

Camus
- La Peste
- Les Justes
- L'Étranger

Carrère
- Limonov

Céline
- Voyage au bout de la nuit

Cervantès
- Don Quichotte de la Manche

Chateaubriand
- Mémoires d'outre-tombe

Choderlos de Laclos
- Les Liaisons dangereuses

Chrétien de Troyes
- Yvain ou le Chevalier au lion

Christie
- Dix Petits Nègres

Claudel
- La Petite Fille de Monsieur Linh
- Le Rapport de Brodeck

Coelho
- L'Alchimiste

Conan Doyle
- Le Chien des Baskerville

Dai Sijie
- Balzac et la Petite Tailleuse chinoise

De Gaulle
- Mémoires de guerre III. Le Salut. 1944-1946

De Vigan
- No et moi

Dicker
- La Vérité sur l'affaire Harry Quebert

Diderot
- Supplément au Voyage de Bougainville

Dumas
- Les Trois Mousquetaires

Énard
- Parlez-leur de batailles, de rois et d'éléphants

Ferrari
- Le Sermon sur la chute de Rome

Flaubert
- Madame Bovary

Frank
- Journal d'Anne Frank

Fred Vargas
- Pars vite et reviens tard

Gary
- La Vie devant soi

Gaudé
- La Mort du roi Tsongor
- Le Soleil des Scorta

Gautier
- La Morte amoureuse
- Le Capitaine Fracasse

Gavalda
- 35 kilos d'espoir

Gide
- Les Faux-Monnayeurs

Giono
- Le Grand Troupeau
- Le Hussard sur le toit

Giraudoux
- La guerre de Troie n'aura pas lieu

Golding
- Sa Majesté des Mouches

Grimbert
- Un secret

Hemingway
- Le Vieil Homme et la Mer

Hessel
- Indignez-vous !

Homère
- L'Odyssée

Hugo
- Le Dernier Jour d'un condamné
- Les Misérables
- Notre-Dame de Paris

Huxley
- Le Meilleur des mondes

Ionesco
- Rhinocéros
- La Cantatrice chauve

Jary
- Ubu roi

Jenni
- L'Art français de la guerre

Joffo
- Un sac de billes

Kafka
- La Métamorphose

Kerouac
- Sur la route

Kessel
- Le Lion

Larsson
- Millenium I. Les hommes qui n'aimaient pas les femmes

Le Clézio
- Mondo

Levi
- Si c'est un homme

Levy
- Et si c'était vrai...

Maalouf
- Léon l'Africain

Malraux
- La Condition humaine

Marivaux
- La Double Inconstance
- Le Jeu de l'amour et du hasard

Martinez
- Du domaine des murmures

Maupassant
- Boule de suif
- Le Horla
- Une vie

Mauriac
- Le Nœud de vipères

Mauriac
- Le Sagouin

Mérimée
- Tamango
- Colomba

Merle
- La mort est mon métier

Molière
- Le Misanthrope
- L'Avare
- Le Bourgeois gentilhomme

Montaigne
- Essais

Morpurgo
- Le Roi Arthur

Musset
- Lorenzaccio

Musso
- Que serais-je sans toi ?

Nothomb
- Stupeur et Tremblements

Orwell
- La Ferme des animaux
- 1984

Pagnol
- La Gloire de mon père

Pancol
- Les Yeux jaunes des crocodiles

Pascal
- Pensées

Pennac
- Au bonheur des ogres

Poe
- La Chute de la maison Usher

Proust
- Du côté de chez Swann

Queneau
- Zazie dans le métro

Quignard
- Tous les matins du monde

Rabelais
- Gargantua

Racine
- Andromaque
- Britannicus
- Phèdre

Rousseau
- Confessions

Rostand
- Cyrano de Bergerac

Rowling
- Harry Potter à l'école des sorciers

Saint-Exupéry
- Le Petit Prince
- Vol de nuit

Sartre
- Huis clos
- La Nausée
- Les Mouches

Schlink
- Le Liseur

Schmitt
- La Part de l'autre
- Oscar et la Dame rose

Sepulveda
- Le Vieux qui lisait des romans d'amour

Shakespeare
- Roméo et Juliette

Simenon
- Le Chien jaune

Steeman
- L'Assassin habite au 21

Steinbeck
- Des souris et des hommes

Stendhal
- Le Rouge et le Noir

Stevenson
- L'Île au trésor

Süskind
- Le Parfum

Tolstoï
- Anna Karénine

Tournier
- Vendredi ou la Vie sauvage

Toussaint
- Fuir

Uhlman
- L'Ami retrouvé

Verne
- Le Tour du monde en 80 jours
- Vingt mille lieues sous les mers
- Voyage au centre de la terre

Vian
- L'Écume des jours

Voltaire
- Candide

Wells
- La Guerre des mondes

Yourcenar
- Mémoires d'Hadrien

Zola
- Au bonheur des dames
- L'Assommoir
- Germinal

Zweig
- Le Joueur d'échecs

Et beaucoup d'autres sur lePetitLittéraire.fr

www.lepetitlitteraire.fr

ISBN version imprimée : 978-2-8062-2580-1
ISBN version numérique : 978-2-8062-2578-8
Dépôt légal : D/2013/12.603/417

18369711R00016

Printed in Great Britain
by Amazon